Mein Rubbelbilder-Kreativbuch

Piraten

Illustrationen:
Desideria Guicciardini

Gestaltung: Caroline Day
Text: Rob Lloyd Jones

Willkommen in der Welt der Piraten

Vor etwa 300 Jahren machten Piraten die Karibik unsicher. Sie waren auf der Jagd nach Schiffen, die sie plündern konnten. Viele Piraten waren erfahrene Seeleute, die vorher bei der Marine oder auf Handelsschiffen gedient hatten. Weil sie dem Ruf des Goldes nicht widerstehen konnten, ließen sie sich von Piratenkapitänen anheuern.

Piraten lauerten oft in abgelegenen Buchten und warteten darauf, dass ein mit Gold und Juwelen beladenes Schiff an ihnen vorbeifuhr. Wenn sie eines sahen, segelten sie ihm hinterher und sprangen, bewaffnet mit Entermessern und Steinschlosspistolen, an Bord. Einige Piratenschiffe hissten den berühmten „Jolly Roger“ – eine Flagge mit Totenkopf und gekreuzten Knochen.

Einige Piraten wurden reich und lebten den Rest ihrer Tage im Luxus, andere verprassten ihre gestohlene Beute in Wirtshäusern. Viele wurden aber auch gefangen. Diejenigen, die der Piraterie schuldig gesprochen wurden, ereilte der Tod am Galgen.

Das Auftragen der Rubbelbilder

Vorn im Buch findest du Motivbögen mit Piraten-Rubbelbildern. Um die Szenen auf den rechten Buchseiten auszuschmücken, brauchst du einen Bleistift oder Kugelschreiber. Nimm die Motivbögen aus dem Umschlag. Wähle eine Szene, die du gestalten möchtest. Auf jeder Doppelseite ist in der linken unteren Ecke ein farbiges Symbol. Dieses findest du auch auf dem dazu passenden Bogen. So kannst du die Motive richtig zuordnen. (Auf den meisten Bögen gibt es Motive für drei Seiten.)

Entferne das Schutzpapier vom Rubbelbogen. Lege das Motiv deiner Wahl mit der Transferseite nach unten auf die Stelle, an der du es haben möchtest.

Rubble vorsichtig mit einem Bleistift oder Kugelschreiber über das Motiv. Pass auf, dass du die benachbarten Motive nicht berührst.

Wenn das Motiv komplett übermalt ist, ziehe die Folie vorsichtig ab. Decke zur Aufbewahrung die unbenutzten Rubbelbilder wieder mit dem Schutzpapier ab.

Gestalte die Szenen mit geschäftigen Piraten und auch mit ein paar frechen Affen!

Im Hafen

Diese Piratencrew macht sich bereit für die nächste Kaperfahrt. Hilf den Piraten, das Schiff auf Vordermann zu bringen, indem du die Rubbelbilder unten auf dem Bild verwendest.

„Krächz!“

Vorräte an Bord bringen

Wo kann dieser Pirat Ausschau halten?

Die Galionsfigur gehört vorn an das Schiff.

Das Deck schrubben

Das Schiff streichen

Stelle den Kapitän dorthin, wo er seine Crew am besten im Auge behalten kann.

Dieses Huhn wird die nächste Mahlzeit.

Hilf diesen Piraten, das Schiff zu beladen.

Eine weitere Kanone für die Seeschlacht. Auch eine Kanonenkugel wird gebraucht.

Nicht alle Piraten sind fleißig bei der Arbeit.

Auf hoher See

Wenn sie gerade keine Schätze rauben, haben Piraten eine Menge zu tun. Gestalte die Szene mit fleißigen Seeräubern.

Nach Ärger Ausschau halten

Die Takelage hochklettern

Das Deck schrubben

Löcher in den Segeln stopfen

Diese neuen Bretter ersetzen verfaulte Planken auf dem Schiff.

Die Taue aufwickeln

Schmutziges Wasser aus dem Bauch des Schiffes pumpen

Eine Kanone reinigen, damit sie bei der nächsten Seeschlacht funktioniert

Einer der Piraten sollte diese Flagge vom Schiffsmast hinunterlassen.

Dieser freche Pirat macht ein Nickerchen.

Diese Piraten üben das Kämpfen mit dem Säbel.

Attacke!

Eine Piratencrew überfällt ein Handelsschiff! Verwende die Rubbelbilder und setze grimmige Seeräuber und sich verteidigende Händler in das Bild.

Unter Deck

Ein neuer Tag beginnt auf dem Piratenschiff. Einige Piraten verrichten ihre Arbeiten, andere gönnen sich endlich eine Ruhepause. Fülle das Schiff mit den passenden Rubbelbildern.

Diese vier Piraten laden die Kanone, damit sie kampfbereit ist.

Stelle den Schiffskoch in die Kombüse.

Tiere werden unter Deck gehalten. Sie geben Milch und Fleisch.

Auf See gibt es genug Zeit zum Spielen, Musizieren und Rasieren.

Diese Piraten entspannen in ihren Hängematten.

Stelle den Kapitän in seine Kajüte in der Mitte des Schiffes.

Diese Fässer gehören in das Lager ganz unten im Schiff.

Die Schatzkarte

Diese alte Karte führt zu einem versteckten Schatz. Der Weg dorthin ist nicht ohne Gefahren.

Diese Piratenschiffe sind auf Schatzsuche.

Verwende diese Rubbelbilder auf dem Meer. So wissen die Piraten, wo welche Gefahren lauern.

Manchmal endet die Reise an scharfen Felsen.

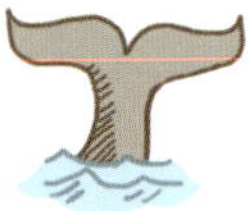

Schreckliche Ungeheuer erheben sich aus dem Wasser.

Riesige Pottwale können Schiffe zerstören.

Geheimnisvolle Meerjungfrauen locken Piraten in die Falle.

Verwende diese Rubbelbilder auf der Insel und hilf den Piraten bei der Jagd nach dem Schatz.

Rauchende Vulkane

Setze diese Flagge an die Stelle, an der die Piraten an Land gehen sollen.

Setze das Kreuz dahin, wo der Schatz liegen soll.

Gruselige Höhlen

Merkwürdige Statuen

Zeit zum Feiern

Diese glücklichen Piraten haben reiche Beute gemacht. Hilf ihnen beim Feiern, indem du die Rubbelbilder unten verwendest.

Ein Seemannslied spielen

Lass diesen Piraten die Palme hochklettern. Er will eine Kokosnuss ergattern.

Der Schiffsjunge hofft auf einen Teil des Schatzes.

Tanzende Piraten

Es kann nicht schaden, das Fechten zu üben.

Diese Piratin kann sich nicht zwischen den vielen Halsketten entscheiden.

Zwei freche Affen haben einen Teil der Beute stibitzt.

Finde einen Platz, an dem diese Piraten entspannen können.

Zeit für ein erfrischendes Bad im Meer

Das Schiff sinkt!

Diese Piraten sind in größter Gefahr! Ihr Schiff wird von einem Seeungeheuer angegriffen.

Schnell die Vorräte und den Schatz retten!

Diese tapferen Piraten versuchen, das Ungeheuer zu bekämpfen.

Diese feigen Piraten rennen und springen um ihr Leben.

„HILFE!“

Nicht nur das Seeungeheuer macht das Meer unsicher.

Lass diese Fässer im Wasser schwimmen, damit die Piraten sich über Wasser halten können.

„Pirat über Bord!“

Chinesische Piraten

Im Südchinesischen Meer segeln Piraten auf Schiffen, die man „Dschunken“ nennt. Verwende die Rubbelbilder unten auf der rechten Seite und vergrößere so die Flotte.

Diese alten chinesischen Gebäude stehen an der Küste.

Dschunken sind schnell, leicht und stark – perfekt für die bewegte See.

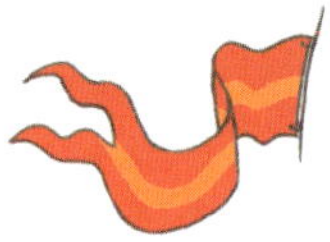

Eine chinesische Piratenflagge

Böller und Raketen, um böse Geister zu verjagen

Vorräte aufladen

Stelle die Piratenkönigin auf ihr Schiff unten rechts im Bild.

Diese kleinen Boote bringen Vorräte auf die Schiffe.

Das Geisterschiff

Oh Schreck! Dieses Piratenschiff wurde von Geistern und Untoten übernommen. Gestalte das Bild mit gruseligen Skeletten und gefangenen Piraten.

Grausige Geister spuken auf dem Deck.

Dieser mutige Pirat setzt sich zur Wehr.

Diese beiden Piraten sind gefesselt und verängstigt.

Lass diesen Gefangenen über die Planke gehen.

Die Schiffskatze versucht den Geistern zu entkommen.

Stelle diese schrecklichen Skelette auf das Deck.

„Huuu!“

Die Skelette waren einst grimmige Piraten – nun sind sie noch Angst einflößender.

Das Schiffswrack

Tief unten im Meer liegt das Wrack eines Piratenschiffes. Fülle die Szene mit Meeresbewohnern, Überbleibseln und dem versunkenen Schatz.

Haie schwimmen um das verrottende Schiff.

Eine Schildkröte

Lass diese tropischen Fische um das Wrack schwimmen.

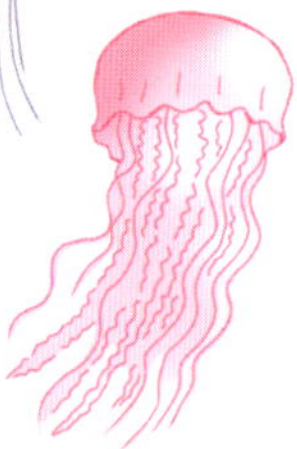

Zwei Quallen

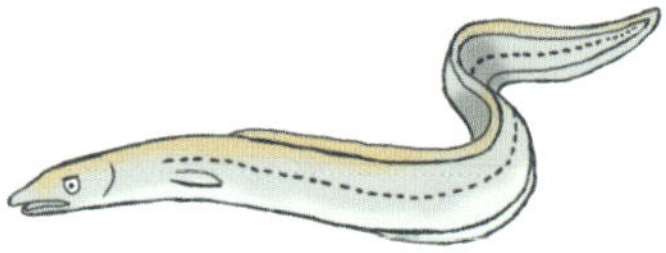

Der Schatz ruht nun auf dem Meeresgrund. Kann er je gefunden werden?

Dieser Meeraal könnte den Schatz bewachen.

Diese Krabbe will den Schatz für sich behalten.

Lege diese rostigen Überbleibsel in den Sand.

Diese Flagge ist nur noch ein Fetzen Stoff.

Übersetzung aus dem Englischen: Ulrike Bonk
Redaktion der deutschen Ausgabe: Andreas Rode
1. Auflage 2019